わたしたちと森林

森林

3 くらしと環境破壊

あかつき

第3章 世界の森林破壊

この本の使い方

シリーズ「わたしたちと森林」は、過去から未来へとつながる人間と森林とのかかわり合いについて、さまざまな角度から理解を深められるよう、テーマ別に1〜5巻に分け、わかりやすく説明をしています。説明を読んだあとに、さらに気になるテーマを調べたり、自分のこととして考えたりするために「調べてみよう！」「考えてみよう！」などのコーナーがあります。この本を通じてみなさんのまわりの森林について考えるきっかけとしてください。

グラフや表
テーマを理解するうえで必要な情報やデータをグラフや表でしめしています。
※グラフや表は、表記のしかたを出典から一部改変しているものもあります。

≋さがしてみよう！≋
身のまわりや、これまで行ったことのある場所に特定の目的で植えられている森林を見たことはあるかな？

さがしてみよう！
テーマに関連して自分の身近なところでさがしてみるコーナーです。

キーワード
重要なことばを解説しています。

考えてみよう！
テーマに関連して、どうしてそうなったのかを考えるためのコーナーです。

考えてみよう！
ウッドショックで影響を受けるのはどのような人たちかな？

コラム「もっと知りたい！」
テーマに関連した知識などを紹介しています。

先生の解説
テーマへの理解を助けてくれる、カモシカ先生の解説です。

世界の森林破壊

ふえつづける日本の自然災害

日本は災害大国といわれ、昔から災害が多い地域でしたが、近年その数がふえています。その原因には世界の森林破壊や地球温暖化と関連しているものもあります。

極端になる日本の気候
地球温暖化の影響で気候変動が進み、日本の気候はこれまでよりも極端になるといわれています。さらに、日本の1年の平均気温は世界の平均気温よりも速いペースで上昇しているため、今後ますます豪雨や強風の影響を受ける可能性が高いと予想されています。じっさいに、気象庁のデータによると、1時間の降水量が50ミリメートル以上のはげしい雨がふる回数もふえています。

キーワード
気候変動
「地球温暖化」は人間の活動が原因で起こるのに対し、「気候変動」には地球温暖化に加えて、太陽や地球そのものの自然現象の影響で気象が変わることもふくまれる。

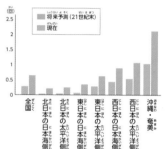

1時間に50ミリメートル以上のはげしい雨がふる回数の予測

凡例：
- 将来予測（21世紀末）
- 現在

全国／北日本の日本海側／北日本の太平洋側／東日本の日本海側／東日本の太平洋側／西日本の日本海側／西日本の太平洋側／沖縄・奄美

出典：気象庁資料をもとに作成

もっと知りたい！

二酸化炭素がふえると、なぜ気温が上がる？
二酸化炭素は本来、地球の大気をふたのようにおおい、気温をちょうどよく調整するはたらきをします。しかし量がふえすぎると、そのはたらきのせいで地球が温室のようになり、気温が上がってしまいます。ではなぜ二酸化炭素の量がふえてしまったのでしょうか。その原因の一つが、乗りものや工場の機械を動かすために使ったり、わたしたちが毎日のくらしで使ったりする電気です。電気の多くは石油や石炭を燃してつくっているので、電気を使えば使うほど、二酸化炭素の量がふえてしまいます。

ポイント！
このはたらきから「温室効果ガス」とよばれています。

エアコンの温度を適度に設定したり、カーテンやブラインドを有効活用したりすることはすぐにできますね。

じゃあ、電気のむだづかいをしないことが、地球温暖化の対策につながるんだね。

44

本文

そのページのテーマにそった内容を説明しています。

気候変動によってこわされる森林の生態系

気候変動は自然環境を変えてしまうため、森林の木や生きものにも多大な影響をあたえています。たとえば竹は気温が上がると育ちやすい植物で、繁殖力が強いため、西日本を中心に、温暖化による竹のふえすぎで森林環境が変わり、生態系が破壊される問題が起きています。現在の東日本でモウソウチク、マダケという竹の生育にてきした土地の面積は35パーセントですが、気温が2度上がると51〜54パーセント、4度上がると77〜83パーセントにまで増加すると予測されています。さらに、いまは竹がほとんど見られない北海道にも広がっていくと予想されています。このように、気候が変わると森林環境も変わり、生態系がこわれ、生物多様性が失われるなどして、森林があれるおそれがあるのです。

現在の竹の生育地と気温が4度上昇した場合の竹の生育地

現在の気候
土地面積の35%に生息

4度上昇した場合
北限が稚内まで到達する
土地面積の77〜83%に生息

世界でも起こっている気候変動による災害

気候変動による深刻な自然災害は、日本以外の国でも起きています。2022年8月、パキスタンでは豪雨と熱波により氷河がとけたことによって大規模な洪水が発生し、国土の3分の1が浸水してしまいました。洪水による死者は1,700人以上、人口の15パーセントにおよぶおよそ3,300万人が被災しました。

じつはパキスタンの温室効果ガスの排出量は世界全体の1パーセントにも満たないものです。温室効果ガスのおもな排出国でない開発途上国のほうが大きな被害を受けるということは、気候変動問題の不平等さと深刻さを表しています。

洪水の被害を受けたシンド州シャダコット市（2022年9月）。

出典：気象庁資料をもとに作成

調べてみよう！
自分の住む地域の自然災害について調べるには？

住んでいる地域の自然災害情報について調べてみましょう。気象庁ホームページの「地域の情報」から住んでいる都道府県の名前を選び、現在の台風情報や、大雨や強風について警報・注意報が出ていないかなどの防災情報がわかりますよ。

ほんとうだ。気象情報だけでなく地震の情報も出てくるね。

都道府県を選んだあとに市区町村を選ぶと、より近くの場所のデータがわかるね。いまは何の警報も注意報も出ていないみたい。

じゃあ、過去の大規模な災害はどうしたらわかるの？

これも気象庁のホームページにある「災害をもたらした気象事例」というページで1945年から現在までの事例が紹介されていますよ。

キーワード
警報・注意報
自然災害が起こる可能性がある場合には注意報が、さらに危険度が高く避難の必要性がある場合には警報が発表されます。

ポイント！
山梨県や鹿児島県では火山情報もあります。

考えてみよう！
自分の住んでいるまちが、自然災害が起きる危険度が高いかどうかを調べるにはどうしたらいいかな？

45

※このページは、「この本の使い方」を説明するための見本です。

調べてみよう！
テーマに関連した調べ学習をしたいときのヒントや、ページを読んだあとに、さらにくわしく調べたいときにどのような方法をとればいいかのヒントが書かれています。

ポイント！
テーマを理解するうえで大切な部分です。

わたしたちといっしょに学ぼう！

シン
山や川で遊ぶのが大好き。ふだんはまちに住んでいるけど、お休みになると家族とキャンプに行って、自然体験を楽しんでいる。

リン
森に遊びに行くのはもちろん、動物に関する本を読んだり、インターネットを使って調べたりするのも大好き。将来は動物の研究者になりたいと思っている。

カモシカ先生
2人のところに現れた森林の博士。森林と人とのかかわりのことならなんでも知っている。

※この本の情報は、2023年1月現在のものです。

③ くらしと環境破壊

くらしをささえる森林の役割

わたしたちのくらしは森林にささえられています。森林は、空気や水、木材、燃料や紙、キノコや木の実、山菜などのゆたかなめぐみをわたしたちにもたらしてきました。また、森林は人間の排出した二酸化炭素を吸収して地球温暖化をふせぎ、森林の木の根は土深くまではることで、土砂くずれなどの災害からわたしたちをまもってきました。

めぐみを
もたらす

二酸化炭素
を吸収する

災害から
まもる

土砂流出防備
保　安　林

日本の森林荒廃と再生の歴史

「荒廃」とは、あれはてるという意味です。ゆたかな森林にめぐまれている日本ですが、過去には行きすぎた伐採で森林があれはて、「はげ山」が全国各地にできたこともありました。「はげ山」になってしまうと、森林のもつさまざまなはたらきが失われ、山くずれや土砂災害などの山地災害がひんぱんに起こるようになってしまいます。そこで、江戸時代以降は、森林の無断伐採をとりしまったり、植林を行ったりと、森林をまもるとりくみが進められ、森林は回復し始めました。その後、明治時代や第二次世界大戦後に森林はふたたびあれはてましたが、そのたびに人は森林を再生させてきました。

行きすぎた森林伐採に
よってできた「はげ山」

世界で行われている森林破壊の影響

森林が地球環境に与える影響が広く知られるようになり、世界の森林減少の速度は少しずつ落ちています。しかし、開発途上国を中心に、森林が減少し続けている地域があります。アフリカや南アフリカなどでは、熱帯雨林がいまも大量に伐採されています。違法伐採の問題も深刻です。

多様な生きもののすみかである森林が破壊されると、その地域の生態系がこわれてしまいます。また、森林が伐採されたあと、土地が回復せずあれ地になってしまう砂漠化の問題もあります。森林が減少すると、二酸化炭素を吸収する森林のはたらきもおとろえ、地球温暖化がますます進みます。地球温暖化の影響で、地球の気候が変わってしまうと、自然災害が増加します。

このようなことは、世界各地ですでに起きています。一方で、これ以上の環境破壊が起きないよう、さまざまなとりくみも行われています。開発途上国の人びとの生活をまもりつつ、環境破壊を止めるにはどうすればいいか、世界全体で考えていかなければなりません。

森林破壊の影響でこんなことが起きている…

砂漠化

生態系の破壊

自然災害の増加

森林火災

7

第1章

森林の役割

森林は、災害をふせぎ、水をたくわえ、きれいな空気をつくり出すなどのさまざまなはたらきでわたしたちのくらしをささえています。また、食物が豊富にあり、木や草の下に身をかくすことができる森林は、多くの動物のすみかとなり、生物多様性をはぐくんでいます。この章では、人間をふくむすべての生きもののくらしをまもる、森林の役割について見ていきましょう。

災害からまもる

森林には、わたしたちのくらしをまもってくれる、さまざまなはたらきがあります。
そのはたらきの一つに、災害をふせぐというものがあります。

土砂が流れるのをふせぐ森林

木は、地中に根を広くはりめぐらせて水や栄養分を吸収しています。その根はからみ合い、大雨がふっても地面がくずれるのをふせいでくれます。また、木の下の地面には落ちた葉や枝があり、そこにはミミズやダニなどが生息し、無数のすき間をつくっています。このすき間が大きなスポンジのようなはたらきをして、雨がふると水分をたくわえ、ゆっくりと下方へと流し出します。そのため、洪水が起きにくく、晴天がつづいてもかわきにくくなっています。

木が生えている場合

樹木をはじめとする植物の根が土をつなぎとめ、地面の落ち葉などでおおわれることで、雨水がゆっくりと地中へ流れ、土砂が流れ出るのをふせぐ。

木が生えていない場合

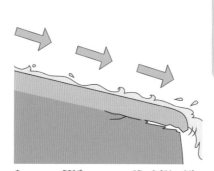

木がないと雨水がいっきに土の表面を流れ落ち、土砂くずれが起こってしまう。

森の地面をさわると、フカフカしていて、晴れている日でもしっとりしているよね。

もっと知りたい！

「治山」による災害防止のとりくみ

日本は、国土の約7割が山地や丘陵地*などの森林で、地形が急であるため、土砂くずれや地すべりなどが発生しやすくなっています。手入れがされていない混み合った森林は、地面まで日光がとどかず、下草も生えません。そうすると、根がむき出しになりじゅうぶんに水をたくわえることができずに、土砂くずれを引き起こしてしまいます。そこで、治山ダム*などの施設を設置したり、適切な間隔になるよう木を伐って根の発達をうながしたり、災害の際に流れ出しそうな倒木を事前にとりのぞくなどのことが行われています。これを「治山」といいます。

治山ダムによって災害をふせいだ例（「令和2年7月豪雨」）
写真提供：林野庁

10
*丘陵地：なだらかな起伏や丘がつづく地形のこと。
*治山ダム：あれた渓流にダムを設置し、土砂がいっきに流れ出るのをふせぐ設備のこと。

🌱 特定の災害をふせぐための森林

森林のなかには、保安林のように特定の目的で整備されているものもあります。それぞれの目的や自然条件に合わせた樹種が選ばれ、植えられています。

なだれをふせぐ保安林 (なだれ防止保安林)

森林のはたらきで雪がすべり落ちるいきおいを弱めるために植えられる保安林。

水の量を調節したりたくわえたりするための保安林 (水源かん養保安林)

森林のはたらきで水をたくわえて、流水量を調節したり、用水を確保したりするための保安林。

鉄道林

鉄道が安全に運行できるよう、強風や土砂災害からまもるための森林。

落石をふせぐ保安林 (落石防止保安林)

木の根で石を固定して転落をふせぐなどして、家屋や道路をまもるための保安林。

土砂災害をふせぐ保安林 (土砂崩壊防備保安林、土砂流出防備保安林)

土砂くずれが起きやすい地域で、林地がくずれることや土砂の流出をふせぐために植えられた保安林。

風から田畑をまもる保安林 (防風保安林)

田畑のまわりにかべのように木を植え、風からまもるための保安林。

屋敷林

家を囲むように木を植え、風や雪をふせぐための林。

洪水をふせぐ保安林 (水害防備保安林)

森林のはたらきで河川の氾濫を弱めることを目的に植えられた保安林。

津波や高潮、塩害をふせぐ保安林 (潮害防備保安林)

木によって津波や高潮などを軽減させるほか、海水の塩分を木がとらえて農作物が塩害を起こすことをふせぐための保安林。

さがしてみよう！

身のまわりや、これまで行ったことのある場所に特定の目的で植えられている森林を見たことはあるかな？

キーワード

保安林

生活環境をまもったり、特定の目的を達成したりするために国や都道府県によって指定されている森林。全部で17種類ある。(→1巻23ページ)

11

ゆたかな水を供給する

森林には、雨水をきれいにして川にその水を流し、
海をゆたかにするという重要な役割があります。

森林の土が水をきれいにする

森林は、雨としてふった水をスポンジのように
たくわえることで、きれいな水を大量に供給する
水源としての役割をもっています。森林の地面に
しみこんだ水が土を通りぬけるときにろ過され、
ごみやよごれなど雨水にふくまれている不純物が
とりのぞかれます。このはたらきによってきれい
になった水は、地中をゆっくりと移動し、わき水
となって地表にあらわれます。さらにその水が川
に流れこみ、海へ流れていきます。

川や海に流れこんだ雨水は、太陽の熱であたためられ、
水蒸気となって空にのぼり、冷やされて水のつぶに変
わり、雲になります。その雲が、雨や雪となって地上
にふり、ふたたび森林の地中にしみこんで、川や海へ
と流れていきます。これを「水循環」といいます。

森林の土が水をきれいにするしくみ

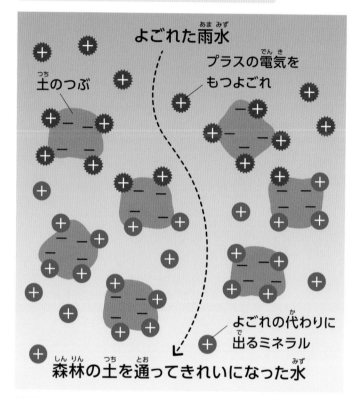

よごれた雨水
プラスの電気を
もつよごれ
土のつぶ
よごれの代わりに
出るミネラル
森林の土を通ってきれいになった水

森林の土のつぶはマイナスの電気をもっている。雨水に入っ
ているよごれの多くはプラスの電気をもっている。森林の土
をよごれた水が通ると、プラスの電気がマイナスの電気に引
きつけられてよごれが土にくっつくので、水がきれいになる。

調べてみよう！

森林が水をきれいにするしくみって？

▶ 右の図のようにペットボトルでろ過装置をつくって、泥水を入れてみましょう。
森林の土が雨水をきれいにするしくみがわかりますよ。

▶ 泥水が透明になって出てくるね！

▶ 森林の土の細かいつぶが、よごれを引きつけてきれいにするからなんですよ。

▶ コーヒーやジュースでためしてみるとどうだろう？

※ろ過した液体はけっして飲まないようにしましょう。

ペットボトル
ろ過装置

土
砂
落ち葉
木炭

森と海はつながっている

森林の役割は、ふった雨水をきれいにするだけではありません。落ち葉などを土中に住むミミズやダンゴムシ、菌類などの微生物が分解することで、栄養分を豊富にふくんだ土になります。雨水が森林の地中をゆっくりと移動する途中で、土のなかにあるそれらの栄養分や、カルシウムなどのミネラル分がとけこんでいきます。その栄養分たっぷりの水が、川を通じて海に流れこみ、魚介類や海藻がよく育つゆたかな海をつくるのです。

このように、森と海には密接な関係があります。森林がきちんと機能し、栄養分たっぷりのゆたかな水を川に供給していれば、海では魚などの生きものが元気に育ちます。反対に、森林があれると、ゆたかな水をもたらすことができず、川がよごれ、海でも生きものが育たなくなり、漁獲量がへるなど、漁業にも影響が出てしまいます。

広葉樹の森林は落ち葉が豊富なため、針葉樹の森林よりも土に空気が多くふくまれ、水を多くためることができます。川の上流にある広葉樹林がしっかり機能していたり、人の手できちんと整備されていたりすれば、ゆたかな水が海に流れこみ、海にめぐみをもたらします。

森と海をつなげる活動、「森は海の恋人」

宮城県気仙沼市のNPO法人森は海の恋人は、気仙沼湾のゆたかな海をまもるため、森を大切にする活動を行っています。気仙沼湾はカキの養殖にてきした湾ですが、1960〜70年代にかけて環境が悪化し、良質なカキの養殖がむずかしくなっていました。カキがえさとする植物プランクトンは川が運ぶ森の栄養分がはぐくむため、地元の人たちは気仙沼湾に流れこむ川の上流の森をゆたかにするとりくみをはじめました。この活動が発展して、2009年にNPO法人森は海の恋人が設立されたのです。

森は海の恋人
植樹祭の様子。
写真提供：NPO
法人森は海の恋人

もっと知りたい！

「海のなかの森」＝藻場

海のなかにも森があると聞いたらおどろくでしょうか？　日本の周辺には、海岸線にそって約1,500種類の海藻が分布しているといわれます。海のなかで海藻がしげる場所のことを「藻場」といいます。藻場は、まさに森のようにうっそうとしげっているため、「海のなかの森」ともいえます。藻場はさまざまな海の生きもののすみかであるだけでなく、魚などの産卵場や成育場となるため、「海のゆりかご」ともよばれます。そのほか、海の水質を浄化したり、川からの生活排水にふくまれる窒素やリンを吸収して海に栄養分がふえすぎるのをふせいだり、といった役割もあります。近年、この藻場が各地で減少しており、問題となっています。

藻場

動植物のすみかになる

森林にはさまざまな動植物が住んでいます。
ここでは、多様な動植物が住む世界遺産の森、やんばるを例に見ていきましょう。

ゆたかな生物多様性をはぐくむ世界遺産の森

沖縄本島北部、名護市よりも北の地域のことを「やんばる」とよびます。やんばるとは、「山やまが連なり、森が広がる地域」という意味で、亜熱帯のゆたかな森林が広がっています。やんばるは昔から地形的、気候的にめぐまれ、ここにしかいない固有種が多く住む世界的に有名な森です。しかし、開発などによる生息地の環境の変化で、数がへっている動植物もいます。

やんばるの自然を保護し、固有種をまもるために、2021年、このやんばるをふくむ「奄美大島、徳之島、沖縄島北部及び西表島」が世界遺産に登録されました。

なぜ、やんばるの森には固有種が多いの?

やんばるの森をふくむ琉球列島は、かつてはユーラシア大陸の一部でした。およそ200万年前に大陸とは切りはなされ、海によって大陸や周辺の島とへだてられてしまいました。そのため長い年月をかけて独自の進化をとげたり、ほかの地域では絶滅した生きものが残っていたりする、世界有数の固有種が住む森になりました。

キーワード

固有種

特定の国や地域にしか生息していない生物の種。固有種が多いことは、その地域が地形的に古く、ほかと早くから切りはなされてしまった環境であるといえる。環境の変化やほかからもちこまれる動植物によって生態系のバランスがくずれると、絶滅してしまう。

キーワード

世界遺産

1972年にできた世界遺産条約にもとづいてリストに登録された、「人類共通の宝」としてまもるべき自然環境(自然遺産)や文化(文化遺産)のこと。国際的な協力や援助によって後世へ伝えることを目的とする。

やんばるの森の気候は?

琉球列島は熱帯と温帯のあいだにある「海洋性亜熱帯」とよばれる気候で、年平均気温は約23度とあたたかい地域です。やんばるは沖縄のなかでも降水量が多く、湿度が高い地域で、もっとも高い与那覇岳では年3,000ミリメートル以上もの雨がふります。世界的に見ると、亜熱帯地域は砂漠や乾燥した草原が広がっている地域のほうが多く、めずらしいといえます。

塩屋湾

比地大滝

ハブ

マングローブ
(ヒルギ林)

沖縄本島 やんばるの森

辺戸岬

キーワード
生物多様性

ヒトをふくむ動植物から菌類・微生物まで、地球上の数多くの種類の生きものが、つながり合いバランスをとりながら生息している状態のこと。

オキナワ
イシカワガエル

ケナガネズミ

ノグチゲラ

ヤンバルクイナ

やんばるの森の生態系

やんばるにはブナ科のイタジイ（スダジイ）をはじめとする常緑の照葉樹林が広がる日本でも最大級の森林があります。そこにはさまざまな生きものが住み、森林を流れる渓流には、多種多様なカエルやサワガニ、トンボなどが生息しています。

やんばる地域は、南北約32キロメートル、東西約12キロメートルで、日本全体の面積のわずか0.1パーセント未満にすぎません。しかし、そのなかに日本に住む両生類・爬虫類の約65パーセントが生息し、そのほかにヤンバルクイナ、ノグチゲラ、イボイモリ、ヒメハブ、リュウキュウヤマガメなどの多くの固有種がくらしています。このように生物多様性の見本ともいえるやんばるですが、もともとの生息数が少なく、絶滅の危機にある生きものも少なくありません。

やんばるの森をまもるために

ゆたかな自然にめぐまれているやんばるですが、農地やダムの開発のために天然林が伐採されたり、外来種のマングースが固有種をおびやかしたり、動物が交通事故にあったりするなど、生態系がこわされる危機がありました。そのため、現在ではやんばるをまもるためにさまざまなとりくみを行っています。

マングースを生けどりにするわな。

© Yambaru-WCC

動物への注意をよびかける交通標識。

出典：環境省やんばる野生生物保護センター ウフギー自然館ホームページ

なぜマングースに固有種がおびやかされているの？

肉食動物のマングースはハブや野ネズミ退治のために沖縄県にもちこまれましたが、やんばるの森にはそれまで肉食動物がほとんどいなかったため、ヤンバルクイナなどは身をまもる方法を知らなかったのです。

出典：環境省ホームページ「やんばる国立公園の見どころガイド」をもとに作成

森林の役割

きれいな空気をつくり出す

森林の大切なはたらきとして、酸素をつくり出すことがあげられます。
森林が地球の大気にどのような影響をあたえるのかを見ていきましょう。

二酸化炭素を吸収したくわえる森林

植物の葉は、大気中の二酸化炭素（CO_2）と土から根で吸収した水、日光のエネルギーを使って、炭素をブドウ糖などの栄養分にしてたくわえ、同時に酸素を外へ出します。これを「光合成」といいます。

気候変動による災害などを引き起こす地球温暖化の原因の一つと考えられるのが、大気中の二酸化炭素の増加です。そのため、たくさんの樹木が二酸化炭素を吸収し酸素を出す森林には、地球温暖化を防止する効果が期待されています。

また、木にたくわえられている栄養分は、もともとは大気から吸収した二酸化炭素であるため、たとえ木を燃やしたとしても、大気中の二酸化炭素の量はふえないといわれています。

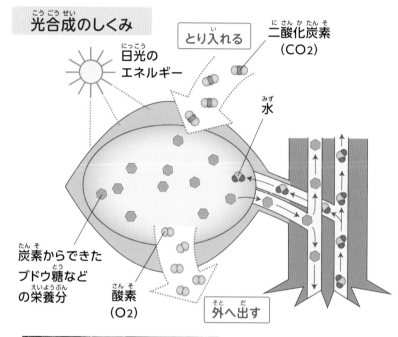

光合成のしくみ

日光のエネルギー

とり入れる

二酸化炭素（CO_2）

水

炭素からできたブドウ糖などの栄養分

酸素（O_2）

外へ出す

木材になっても炭素はたくわえたまま！

もっと知りたい！

二酸化炭素がふえると、なぜ気温が上がる？

二酸化炭素は本来、地球の大気をふたのようにおおい、気温をちょうどよく調整するはたらきをします。しかし量がふえすぎると、そのはたらきのせいで地球が温室のようになり、気温が上がってしまいます。

ではなぜ二酸化炭素の量がふえてしまったのでしょうか。その原因の一つが、乗りものや工場の機械を動かすために使ったり、わたしたちが毎日のくらしで使ったりする電気です。電気の多くは石油や石炭を燃やしてつくっているので、電気を使えば使うほど、二酸化炭素の量がふえてしまいます。

じゃあ、電気のむだづかいをしないことが、地球温暖化の対策につながるんだね。

ポイント！

このはたらきから「温室効果ガス」とよばれています。

エアコンの温度を適度に設定したり、カーテンやブラインドを有効活用したりすることはすぐにできますね。

樹種や林齢によってちがう吸収量

樹木の二酸化炭素吸収量は木によってちがいます。種類（樹種）でいうと、ブナやクヌギなどの広葉樹にくらべて、スギやヒノキなどの針葉樹のほうが多くの二酸化炭素を吸収すること、とくにスギの吸収量が多いことがわかっています。森林の年齢（林齢）によっても吸収量はことなります。林齢11〜20年の成長期にある若い木の森林は多くの二酸化炭素を吸収しますが、林齢を重ねるにつれ、二酸化炭素の吸収量はへっていきます。

また、木の幹の太さや木の高さによっても、二酸化炭素を吸収する量はことなり、幹が太くて背の高い木ほどよく吸収します。

樹種別・林齢別炭素の吸収量

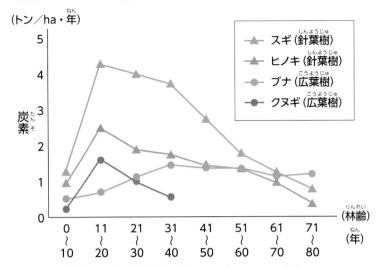

（トン／ha・年）

炭素

- スギ（針葉樹）
- ヒノキ（針葉樹）
- ブナ（広葉樹）
- クヌギ（広葉樹）

（林齢）
（年）

出典：林野庁「森林・林業白書（平成16年度版）」をもとに作成

手入れされた人工林。

人工林の手入れはわたしたちにも関係しているってことだね。

もっと知りたい！

木を育てて伐ることが大切

日本は多くの森林にめぐまれていますが、現在ある人工林の多くは植えられてから40〜50年たっているため、これから二酸化炭素の吸収量がへっていくことになります。

しかし新しく木を植えようとしても、すでに国土の多くが森林であるため、植える場所はそう多くはありません。だから、いますでにある人工林を適切に伐って、利用し、ふたたび植えて、育てることが、地球環境のためにも大切となります。

「カーボンニュートラル」のカギをにぎる森林

「カーボンニュートラル」ということばを聞いたことはあるでしょうか？世界的な問題となっている地球温暖化への対策として、国は2050年までに、二酸化炭素などの温室効果ガスの排出量を全体としてゼロにする「カーボンニュートラル」を目標としてかかげています。

しかしあと30年ほどで温室効果ガスの排出量をゼロにすることはむずかしいところがあります。そこでカギをにぎるのが、森林の二酸化炭素を吸収する役割です。もし生活のなかで温室効果ガスを排出したとしても、森林が二酸化炭素を吸収した分と排出した分がつり合えば、温室効果ガスの量は「実質ゼロ」になるというわけです。そのため、植林を行って森林をふやしたり、いまある森林を保護したりするとりくみが進められています。

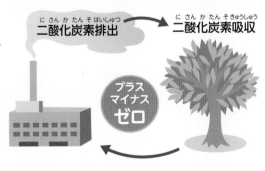

二酸化炭素排出　　二酸化炭素吸収

プラスマイナスゼロ

排出した二酸化炭素の量と森林が吸収する二酸化炭素の量がつり合えば、「実質ゼロ」になる。

第2章

森林荒廃の歴史

日本では、いまからおよそ1万3,000〜2,300年前の縄文時代、それにつづく弥生時代には、人びとは森と共生してくらしていました。しかし飛鳥時代以降、人はたくさんの木を伐るようになり、森林があれるようになりました。その一方、人は木を伐採するばかりではなく、森林をまもり、再生しようとしてきました。この章では、過去から現在までの、日本における森林の荒廃と再生の歴史について、くわしく見ていきましょう。

飛鳥・奈良・平安～安土桃山時代まで

日本では、古代から人は木を伐って、利用してきました。
森林荒廃の記録が見られるのは飛鳥時代からです。

森と共存していた縄文・弥生時代

いまからおよそ1万3,000～2,300年前の縄文時代、人びとは、森の木を伐って燃料にしたり、森にあるキノコやドングリなどを食料にしたりしていました。また、森を燃やしてその焼けあとで作物を育てる焼畑も縄文時代にはじまりました。しかし伐りすぎて森の木がなくなるようなことはなく、縄文時代の人びとは、森のめぐみをうまく利用しながらくらしていたのです。

また、約2,300～1,700年前の弥生時代に入ると、稲作が各地に広がり、人びとはイネを植える土地を得るために木を伐り開拓しましたが、森林への影響は少ないものだったと思われます。

縄文中期の土器。人びとは木を伐ってまきにし、粘土を焼いて土器をつくった。焦げ目のようなものは、土器で煮たきをした際にできたものと考えられている。
写真提供：東京都・東久留米市郷土資料室

日本最古の植林の記録

山に木を植える「植林」は、日本ではいつごろから行われていたのでしょうか。植林に関する日本最古の記述は『日本書紀』にあり、スサノオノミコトが舟や宮殿をつくるためにたくさんの木の種をまくことを教えたと書かれています。スサノオノミコトは神話に登場する神様なので、事実かどうかはわからないものの、古い時代から植林のようなことが行われていたことはたしかなようです。

キーワード

日本書紀
奈良時代につくられた日本の歴史書。神話の時代から持統天皇の代までが記されている。720年に完成。

森林荒廃のはじまった飛鳥時代

森林があれはじめたのは、飛鳥時代（592～710年）に入るころからです。このころになると大陸から大きな建物を建築する技術が伝わり、建築に使う木材としても木が伐られるようになりました。

さらに、奈良時代（710～794年）から平安時代（794～1185年）初期にかけて遷都＊がくりかえされ、都が何度もつくられました。794年に平安京が建設されるまで、7回の遷都が行われています。これにともない、大規模な宮殿が次つぎと建設されたほか、寺院や神社もさかんに建てられました。そのため都に近い近畿地方の森林は大量に伐採され、原生林はほぼなくなってしまいました。『日本書紀』には、森林が急速にあれたため、天武天皇が676年に森林伐採の禁止令を出したと記されており、森林伐採禁止の最古の記録といわれています。

＊遷都：都を別の場所にうつすこと。

建築・燃料用として大量伐採が進む

平安時代中期以降も、建築用としての森林伐採は進み、近畿地方の山ではヒノキやスギがとれなくなってきました。それだけでなく、森林の地面の栄養分がへってしまい、木の生えない「はげ山」になった森林も少なくなかったといいます。さらには、森林が本来の力を失い、洪水や山火事も多発するなど、森林はあれほうだいでした。

さらに、建築以外にも燃料として大量の木が使われるようになりました。とくに、塩をつくる「製塩」と、鉄をつくる「製鉄」では多くの燃料を必要としました。砂鉄や鉄鉱石と木炭を使い、炉で燃やして鉄をつくる「たたら製鉄」が中国地方などで行われていましたが、この燃料としても大量の木が伐採されました。

島根県出雲地方では、およそ1,400年前から「たたら製鉄」が行われていたといわれる。奥出雲町では現在でも世界で唯一たたら製鉄の火が燃えつづけており、見学することもできる。
写真提供：奥出雲町観光協会

さらに進む森林伐採と植林のはじまり

室町時代（1336〜1573年）のはじめごろまでは、森林伐採はおもに近畿地方で進んでいたのですが、1400年代後半の戦国時代になると変わってきます。各地の戦国大名が自分の領地に城やとりでを建設し、刀などの武器を製造するために、全国で森林が伐採されるようになりました。その後、豊臣秀吉によって天下統一がなされると豪華な建築物が建てられ、森林はさらにへっていったのです。

いっぽう、植林に関しては、室町時代には現在の静岡県や奈良県でスギやヒノキの植林がはじまったという記録があります。1550年ごろからは植林を進める大名もあらわれ、安土桃山時代（1573〜1603年）には現在の埼玉県で数万本の苗を植える植林が行われました。

世界の森林荒廃の歴史 その1

中国では、紀元前＊から大規模な森林伐採が行われていました。中国北部の黄河の流域は、周王朝（紀元前1046年ごろ〜紀元前256年）の時代までは森林が広がっていましたが、伐採がつづき、西暦100年ごろには森林の多くが失われました。古代中国の王朝では、木の伐採を規制する決まりをつくっていましたが、それでも森林は開拓によって農地に変えられました。

また、50〜400年ごろにかけての時期、ヨーロッパではローマ帝国が栄えていました。ローマ帝国には森林を保護しようという考えがなく、当時ローマ帝国の支配下にあったイギリス（ブリテン島）では、農地や牧草地とするため、建物をつくるためや燃料のために大量の木が伐られ、森林が激減したといわれます。

紀元前214年ごろ、秦の始皇帝が修築を命じて「万里の長城」がつくられた際にも大量の木が伐採された（写真は現在の万里の長城のようす）。

＊紀元前：西暦の紀元1年よりも前の時代のこと。西暦では、キリストが生まれたとされる年を「紀元1年」とし、100年ごとに「世紀」という単位で年代を数える。

江戸時代〜第二次世界大戦まで

長いあいだ森林の荒廃がつづいていましたが、江戸時代には植林や森林保護も行われるようになりました。第二次世界大戦までの歴史を見ていきましょう。

日本各地に「はげ山」ができた江戸時代

安土桃山時代に日本各地で豪華な城などがきずかれ、大量の木材が使われたことで、森林はいっそうあれはて、江戸時代（1603〜1867年）に入ってからもそれはつづきました。この時期に日本の多くの場所で「はげ山」が生まれたといわれ、当時の浮世絵を見ると、木がほとんど生えていない「はげ山」のすがたがえがかれています。山から森林が失われると、木を切り出せないだけでなく、地面に水をたくわえてゆっくり流すという、森林本来の機能も果たせなくなるため、このころ、大雨による土砂くずれや洪水がふえたといわれています。

江戸時代の歌川広重の浮世絵「東海道五十三次　平塚　縄手道」には、「はげ山」と、植林されたマツがえがかれている。

江戸時代の森林をまもるとりくみ

森林の荒廃がつづく状況に対し、江戸幕府や全国の藩*は森林をまもるとりくみをはじめました。江戸幕府は、奈良県の吉野や大分県の日田などの林業地を直轄領（天領*）として、植林をはじめました。また1661年には、領主が管理する林と、村が管理する林とに分け、領主が管理する林は「御林」に指定し、無断伐採を禁止しました。御林では、木の伐採と育成を御林奉行が管理していました。また、各藩でも植林が進められ、人工林が全国に広まります。さらに、村の住民が里山の木や草を採取して利用する「入会」の権利も制限されました。こうした幕府と各藩の植林、森林保護政策のおかげで、へりつづけていた森林は回復しはじめました。

ポイント！
各藩が所有する森林では、「山守」とよばれる管理人が監視や林業作業の監督にあたっていました。

林業地だけでなく、金や銀などの資源がとれる鉱山や、主要都市、港湾なども幕府の直轄領でした。

おもな直轄領
（カッコ内は産出されたもの）

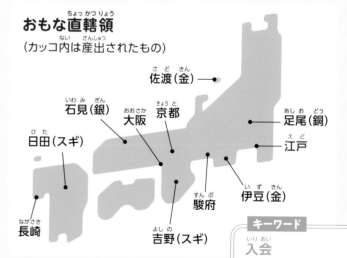

佐渡（金）
石見（銀）
大阪
京都
足尾（銅）
日田（スギ）
江戸
長崎
駿府
伊豆（金）
吉野（スギ）

キーワード
入会
地域の住民が共同で森林などを利用し、まき・炭や建築の材料となる木、肥料・飼料用の草、魚介などを得ること。

*藩：江戸時代、幕府から1万石以上の領地をあたえられた大名が支配した地域のこと。いちばん多い時期で全国に約260の藩があった。
*天領：江戸幕府の直轄地のこと。このことばが使われるようになったのは明治時代に入ってからのこと。最近では「幕領」とよばれることが多い。

国が森林管理をはじめた明治時代

明治時代（1868〜1912年）に入ると、近代化が進み産業が発展したことで燃料用や建築用の木材の需要がいっきにふえ、ふたたび大量の木が伐採されるようになりました。明治時代の中ごろの山は、それまでの歴史のなかでもっともあれていたという説もあります。また、鉱業設備が近代化されたことで、製錬所*からの大量の排水やけむりがまわりの環境を破壊する「公害」も数多く発生しました。1896年には、全国各地で森林荒廃の影響と考えられる大水害も起きました。そこで政府は、森林を国の管理の

もとにおくことを決め、1897年には「保安林制度」と「営林監督制度」を定めた「森林法」が制定されます。この法律にもとづき、植林や山腹工事といった治山事業が各地で積極的に行われ、森林があれることをふせぐとともに、ふえつづける木材の需要にも対応できるようになりました。

1888（明治21）年の磐梯山（福島県）の噴火では、小磐梯という山1つがくずれ、大地をおおってしまった。噴火の10数年後から植林が行われ、現在は緑がよみがえっている。
写真提供：磐梯山噴火記念館

キーワード
公害
おもに企業の事業活動から生じる、広い範囲に影響をおよぼす「大気汚染」「水質汚濁」「土壌汚染」「騒音」「振動」「地盤沈下」「悪臭」によって、人の健康や生活環境に被害が出ること。

大正時代の東京多摩川の水源地、笠取山（山梨県）の荒廃の様子。その後の適正な森林管理により、現在は豊かな森林となっている。
写真提供：東京都水道局

キーワード
山腹工事
山くずれが起きた場所で、これ以上山くずれが広がらないよう、さくや段を設置して、草木を植えて土が流れ出すのをふせぐ工事。

もっと知りたい！

田中正造と足尾鉱毒事件

栃木県にある足尾銅山は、江戸時代は幕府直轄の銅山で、明治時代に入ると機械を使って精錬を行う精錬所*がつくられました。それにより日本最大の鉱山となりましたが、精錬の際に出る排煙や、二酸化硫黄（亜硫酸ガス）などをふくんだ鉱毒ガス、そして汚染された排水が、まわりの環境に大きな被害をもたらすようになります。森林の木はかれ、洪水がひんぱんに起こり、近くを流れる渡良瀬川では1万匹をこえるアユなどの川魚が死にました。さらに、鉱山の近くに住む農民たちの健康にも悪影響が出てきたのです。公害は銅山の近くにかぎらず、川を通じて群馬県や茨城県にまで広がりました。これが、日本初の公害事件とされる「足尾鉱毒事件」です。

公害で農民が苦しんでいることを知り、立ち上がったのが地元出身の田中正造（1841〜1913年）です。田中は公害事件当時、衆議院議員をつとめていました。公害の様子を見た田中は、1891年に帝国議会でこの問題をとり上げ、

銅山の利益より農民の命のほうが大切だとうったえますが、政府は聞き入れません。抗議行動も起こしたものの、銅の生産が中止されることはなかったため、田中は1901年に、明治天皇に直訴状をわたそうと考えました。直訴状はわたすことができず、田中は警官にとりおさえられてしまいましたが、事件は社会に広く知られることとなり、政府も対応せざるをえなくなります。田中は、その後も反対運動をつづけ、財産はすべて反対運動に費やしたといわれています。

調べてみよう！
そのほかの公害事件についても調べてみよう。

田中正造

北海道の開拓と森林伐採

1897年に「森林法」が制定されたことをきっかけに、全国各地で植林が行われ、日本の森は回復してきました。一方、ほぼ手つかずの大自然が残っていたのが北海道です。「蝦夷地」とよばれていたこの地には、15世紀ごろから**アイヌ民族**が住み、独自の言語と文化をもっていました。江戸時代には南西部の渡島半島に松前藩が置かれ、幕末には警備のため兵士が送られたこともありましたが、うつり住む人はまだほとんどいませんでした。

明治時代に入り、政府は1869年に「開拓使」を設置して、北海道の本格的な**開拓**に乗り出します。「北海道」という名もこのときにつけられました。最初に移住したのは、明治維新で領地を失った士族＊が中心でした。また、1874年に開拓だけでなくロシアなどに対する北方警備の目的もかねた「**屯田兵**」の制度がつくられ、1904年に廃止されるまで士族を中心に多くの人が移住しました。

明治の中ごろには士族以外にもうつり住む人が急増し、開拓が本格化します。1869年に約6万人だっ

た北海道の人口は、1901年に100万人をこえました。また、1886年に3万haに満たなかった耕地面積は、1918年に約80万haと急激に拡大しています。政府の目的はまさに「開拓」、つまり手つかずの原野を切り開くことで、農地をつくるために多くの木が伐られました。このため、北海道開拓では貴重な原生林が減少したことも否定できない事実です。

開拓のために樹木を伐採しているところ。
写真提供：北方資料
データベース

開拓使は1869年に北海道・樺太（サハリン）の開拓のため設置された行政機関で、1882年に廃止されるまで、鉄道・道路・港湾や工場・炭鉱の建設などを行いました。

キーワード

アイヌ民族

東北地方北部から北海道とその北の樺太（サハリン）、および北東に連なる千島列島やカムチャツカ半島に古くから住んでいた先住民族。現在も少数民族として日本やロシアに居住している。「アイヌ」とはアイヌ民族のことばで"人間"を意味する。

キーワード

開拓

未開の土地や山林を切り開いて、農地や建物、道路などをつくること。

キーワード

屯田兵

屯田兵は中国ではじまった制度で、ふだんは農業を営みながら訓練をし、戦争がはじまったら軍隊の一員としてたたかう。日本では、おもに明治時代の北海道に配置された警備と開拓をになう兵士のことを指す。

世界の森林荒廃の歴史 その2

日本の江戸時代から明治時代にかけての時期、ヨーロッパからの移民によってアメリカ大陸が開拓されました。アメリカ移民は17世紀にはじまり、明治時代が終わりに近づく1910年ころには、人口はほぼ1億人へとふくれ上がっていました。人口がふえるにつれ、農地を得るため森林伐採が急ピッチで進みます。そのため1850～70年のわずか20年間で、原生林の割合は25パーセントから15パーセントへと急激にへりました。

また、膨大な量の木材を燃料として使うことで、工業もいっきに発展しました。西海岸でゴールドラッシュが起きたことで西部の森林伐採も進み、1860～1910年の50年間で、1日平均3,500haの森林が失われたといわれています。

1848年ごろに起きたアメリカ・カリフォルニア州のゴールドラッシュでは、金をもとめて多くの人が集まり、開拓のため森林が伐採された。

＊士族：明治維新後、江戸時代に武士階級だった人たちにあたえられた身分。

戦争でふたたび荒廃した日本の森林

明治の中ごろから大正時代（1912〜1926年）、つづく昭和時代（1926〜1989年）のはじめにかけて、国や民間による森づくりで順調に回復してきた日本の森林ですが、第二次世界大戦がはじまったことで状況が変わります。

とくに1941年に太平洋戦争がはじまってからは、造船、建築、まきや炭の燃料にするためにたくさんの木材や木炭が必要になりました。軍が使う船をつくるために、人里から遠い奥山の国有林でも多くの大木が伐られたうえ、まだ成長途上の木ぎや、神社・寺院の林、防風林、風致林まで伐られました。大量伐採の結果、せっかく回復してきた森林はふたたびあれ、「はげ山」が全国各地で見られるようになってしまったのです。

キーワード

第二次世界大戦

1939〜1945年の6年間にわたる戦争。イギリス・アメリカなどの連合国と、日本・ドイツ・イタリアの枢軸国のあいだでたたかわれ、軍人・民間人合わせて約5,000〜8,000万人が犠牲になった。

さらに大都市の多くが空襲で焼かれ、焼け野原となりました。

もっと知りたい！

戦争と「ウッドショック」

戦争などによって木材が不足するのは昔の話ではありません。2020年、新型コロナウイルス感染症が世界中で流行し、人びとの活動が制限された影響で、木材の生産がへり住宅用の木材が足りなくなる事態が起きました。この影響で、2021年には輸入木材の値段が前年の2.37倍になり、それにともない国産材の値段も上がりました。この木材の不足と価格上昇のことを「ウッドショック」とよびます。さらに2022年、ロシアによるウクライナ侵攻が起こり、ロシ

ア産の木材が経済制裁*により輸入されなくなったことや、輸入木材を運ぶ燃料代が上がっていることが原因で、ウッドショックはつづいています。21世紀でも、戦争が森林や森林資源を利用する人びとにあたえる影響は非常に大きなものなのです。

考えてみよう！
ウッドショックで影響を受けるのはどのような人たちかな？

世界の森林荒廃の歴史 その3

イギリスは18世紀中ごろからインドの植民地化を進めました。村周辺の森林を畑にするために切り開いたほか、1840年ごろからはイギリス人が好む茶を栽培するため、森林を切り開いて茶のプランテーションをつくりました。この結果、森林は減少し、洪水などの災害もふえていったといいます。さらに1853年からは鉄道建設がはじまり、橋や枕木*に利用するため膨大な量の木が伐採されました。インドの森林荒廃は、1947年にイギリスから独立したあとも止まっておらず、今後の対策がもとめられています。

現在もあるインドの茶のプランテーション。

キーワード

植民地

政治的・経済的にほかの国に支配されている地域。

キーワード

プランテーション

1種類の作物を栽培している大農園のこと。おもに熱帯や亜熱帯地域にあり、そこではたらく人は安価な労働条件ではたらかされていることが多い。

*枕木：鉄道の線路の一部で、レールをささえる木のこと。
*経済制裁：国際的なとり決めに反した国に対し、その国と貿易をしないことなどでダメージをあたえ、正そうとする手段のこと。

第二次世界大戦後～現代

戦後は復興のためにたくさんの木材が必要となり、
全国各地で植林が進められました。

戦後の森林荒廃と拡大造林政策

1945年の第二次世界大戦終戦後は、日本の山の多くは見るも無残な「はげ山」になってしまいました。しかし、多くの都市が空襲を受け、人びとの住む家は焼けてしまったため、家を建てる必要がありましたし、くらしに必要な燃料や、さまざまな物資も不足していました。戦後の復興には多くの量の木材が必要だったのです。加えて、「はげ山」になると、地面に水をたくわえて災害をふせぐ能力を失うため、戦後、全国各地で大きな水害が発生しました。こうしたことから、あれた森林を回復する目的で、植林が国の重要な課題になったのです。

そこで1950年、政府は「造林臨時措置法」を制定し、植林をする土地を国が指定し、その土地を所有している人が植林しない場合には、別の人が植林をしてもよいようにしました。それでも建築用にてき

したスギやヒノキなどの木材は足りませんでした。そこで政府は、天然林を伐採したあと地にスギやヒノキを植える「拡大造林政策」を行います。この政策によって、全国の広葉樹の天然林が、針葉樹の人工林に置きかえられていきました。

1950年には「荒れた国土に緑の晴れ着を」というスローガンのもと、第1回の全国植樹祭が開かれ、当時の天皇・皇后両陛下も植樹を行った。
写真提供：山梨県林政部

植林ブームと林業のおとろえ

多くの木材が必要になったことで木材の価格は上がり、1960年前後には「植林ブーム」が起きました。ところが、その後状況は変わります。東京オリンピックで日本中がもり上がった1964年、外国産の木材が輸入できるように法律が変わり、価格の高い国産材よりも価格が安い輸入木材が使われるようになり、1955年には94.5パーセントだった木材自給率＊はどんどん下がっていきました。ちょうど家庭で使う燃料もまきや炭から、石油などの化石燃料へ置きかわりはじめた時代で、このダブルパンチにより国産材の価格は徐じょに落ちていき、林業がおとろえて

いきました。

林業にたずさわる人がへり、人工林に人の手が入らなくなれば樹木の健康をたもてず、森林はあれてしまいます。

輸入木材の不足や木の利用を推進するとりくみによって、国産材を公共施設や住宅に使う動きも少しずつ広がっており、木材自給率は回復の傾向を見せています。しかし、林業者の数がへり、高齢化も進んでいることから、今後は森林の手入れがむずかしくなる地域もさらにふえていくと見られています。

＊木材自給率：国内で使用される木材のうち、国産材のしめる割合。

戦後～現在の森林にかかわるできごとの流れ

西暦	日本や世界の動き	森林にかかわるできごと
1945年	第二次世界大戦・太平洋戦争が終結	
1946年	日本国憲法が公布される（1947年に施行）	造林を行った業者に、その経費の一部がしはらわれる制度がはじまる
1950年	朝鮮戦争が起きる	「造林臨時措置法」が制定。第1回の全国植樹祭が山梨県で開催される
1955年	一円硬貨・五十円硬貨が発行される	家庭用燃料が化石燃料（石油や天然ガス）に変わりはじめる。当時のこうした動きは「燃料革命」とよばれた。木材自給率は94.5%
1957～1960年代	1959年9月、伊勢湾台風が起きる	拡大造林政策により一大植林ブームが起こる
1960年	政府が所得倍増計画を決定	外国産木材輸入の自由化が開始され、以降段階的に進められる。木材自給率は86.7%
1961年	ガガーリンが人類初の宇宙飛行に成功	国有林における木材の増産計画がはじまる
1964年	東京オリンピックが開催される	外国産の木材輸入が完全自由化される
1969年	アポロ11号が人類初の月着陸に成功	木材自給率が49.0%と50%を下回り、輸入材の供給量が国産材を上回る
1989年	昭和が終わり平成がはじまる	木材の輸入量が戦後最高を記録
2000年	有珠山（北海道）と三宅島（東京都）が噴火	木材自給率が過去最低の18.2%にまで落ちこむ
2009年	新型インフルエンザが発生し、WHOがパンデミック宣言	10年後の木材自給率50%以上をめざす「森林・林業再生プラン」が公表される
2010年	小惑星探査機「はやぶさ」が地球に帰還	「公共建築物等における木材の利用の促進に関する法律（現・脱炭素社会の実現に資する等のための建築物等における木材の利用の促進に関する法律）」が制定される。木材自給率は26.0%になる
2014年	政府が集団的自衛権を容認。御嶽山（長野県）が噴火	木材自給率が31.2%となり、30%台に回復する
2018年	西日本豪雨、北海道胆振東部地震など災害が多数発生	手入れの行きとどいていない森林を市区町村が管理することができる「森林経営管理法」が制定される
2019年	平成が終わり令和がはじまる	「森林環境税及び森林環境譲与税に関する法律」が成立し、2024年から森林の保護や保全の財源となる森林環境税がスタートすることが決まる
2021年	新型コロナウイルスの変異株が流行	「ウッドショック」が起こり、国産材の価格が上昇する

注：表中の木材自給率はしいたけ原木、燃料材として使われている木は除いたもの。

ヒノキとスギの1立方メートルあたりの価格のうつり変わり

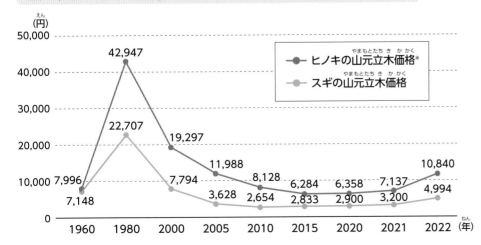

（円）

凡例：
- ヒノキの山元立木価格*
- スギの山元立木価格

ヒノキ：
- 1960: 7,996
- 1980: 42,947
- 2000: 19,297
- 2005: 11,988
- 2010: 8,128
- 2015: 6,284
- 2020: 6,358
- 2021: 7,137
- 2022: 10,840

スギ：
- 1960: 7,148
- 1980: 22,707
- 2000: 7,794
- 2005: 3,628
- 2010: 2,654
- 2015: 2,833
- 2020: 2,900
- 2021: 3,200
- 2022: 4,994

2021年のウッドショックによりスギ・ヒノキともに価格が上昇しましたが、それでも以前からくらべるとまだ低い水準です。

※「山元立木価格」とは、林地に立っている樹木の価格で、丸太1立方メートルあたりの価格で示される。

出典：林野庁「森林・林業白書（令和3年度版）」をもとに作成

第3章
世界の森林破壊

森林のもつ役割が注目され、各国で植林が進んでいることもあり、世界の森林減少のスピードは以前にくらべ落ちてきています。しかし、いまでも開発途上国では、そこでくらす人びとの生活のためにたくさんの木が伐られ、森林が破壊されつづけています。地球温暖化の問題も深刻です。森林の役割が失われると、温暖化や砂漠化など、地球の環境に大きな影響をあたえます。わたしたちの生活とも大いにかかわる世界で起きている問題について、見ていきましょう。

開発途上国の森林減少

開発途上国を中心に、世界の森林は減少しつづけています。
どうしてこのようなことが起きているのか考えてみましょう。

へりつづける世界の森林面積

世界中のすべての陸地の3分の1にあたる、約40億6,000万haが森林です。そのうちの45パーセントは熱帯地域にあります。陸地の3分の1近くが森林だと聞くと広く感じるかもしれませんが、1990年ごろには、いまより1億7,800万haも広かったのです。これは日本の面積の5倍近い広さです。つまりこの30年間で、多くの面積の森林が失われたことがわかります。

ただし、1990～2000年の10年間では7,840万haの森林が失われたのに対し、2000～2010年は5,170万ha、2010～2020年は4,740万haと、森林減少の速度は落ちています。これはSDGsなど、世界全体で森林をまもろうとする意識が広がってきたからといえます。

ブラジルのアマゾンではいまも熱帯雨林が伐採されつづけている。

東南アジアではアブラヤシ農園をつくるために多くの森林が伐採されている。

キーワード

SDGs（エスディージーズ）
世界の国ぐにが合意した「持続可能な開発目標」のこと。全部で17の目標があり、そのなかには「15 陸の豊かさも守ろう」という森林保護の項目もある。

森林がふえている地域、へっている地域

世界の森林面積の変化を表したグラフを見てみましょう。1990～2020年の30年間で、アジアとヨーロッパでは森林がふえ、北米・中米やオセアニアでは増減がほぼ横ばいになっていることがわかります。

それに対して、開発途上国が多いアフリカと南米では森林が大きく減少しています。とくにアフリカは、2010～2020年の10年間で3,900万haと、日本の面積（約3,800万ha）をこえる森林が失われています。地域によって森林の増減にかなり大きなかたよりがあることがわかります。

世界の森林面積の増減のうつり変わり（1990～2020年）

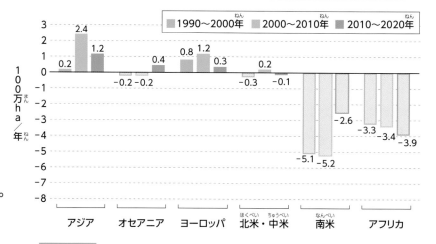

凡例：1990～2000年 / 2000～2010年 / 2010～2020年

地域	1990～2000年	2000～2010年	2010～2020年
アジア	0.2	2.4	1.2
オセアニア		-0.2	-0.2	0.4
ヨーロッパ	0.8	1.2	0.3
北米・中米	0.2	-0.3	-0.1
南米	-5.1	-5.2	-2.6
アフリカ	-3.3	-3.4	-3.9

（100万ha/年）

出典：FAO「世界森林資源評価2020」をもとに作成

キーワード

開発途上国
産業の発展がおくれ、経済や工業力がまだじゅうぶんでない国ぐにのこと。

なぜ開発途上国で森林がへっている？

アフリカの熱帯地域をはじめとした開発途上国では、20世紀後半から人口が爆発的にふえました。この人口増加が、開発途上国で森林が激減する大きな原因になっています。

人口がふえれば、その人びとがくらすために大量の食料が必要になります。ところが開発途上国では経済がなかなか発展しないため、食料を手に入れるために森林を焼いたり伐採したりして、畑をつくって農作物を栽培しなければなりません。つまり、人間にとってもっとも必要な行為である「食べる」ために、森林を切り開いているのです。

また、開発途上国では石油や天然ガスなどのエネルギーをじゅうぶんに買うことができず、インフラが整っていない地域が多いため、燃料として森林の木を伐り、まきや炭として利用します。人口がふえるたびに大量の木が伐られていくため、森林が急速にへっていく原因となります。

森を焼き、その灰を肥料として用いる農業のやりかたを「焼畑農業」といいます。肥料のない地域でも農業を行うことができるため、熱帯地域で昔から行われてきました。伝統的な焼畑農業では、森林のなかで焼く場所を決め、森林が再生するまでその土地は使わないようにしていました。ところが人口増加により森林を焼く範囲が広がり、ペースも速まって、森林破壊が急速に進んでいったのです。

> **キーワード**
>
> **インフラ**
>
> 「インフラストラクチャー」の略で、電気・ガス・水道や道路、鉄道、通信など、人びとの生活をささえる施設や設備のこと。

もっと知りたい！

アフリカの森林と女性の生活をまもろうとしたワンガリ・マータイ

故郷・アフリカの森林が失われていく状況に胸をいため、なんとか止めなければと立ち上がった女性がいます。1940年、ケニアに生まれたワンガリ・マータイです。マータイはゆたかな森のなかで生まれ育ちました。当時のケニアでは、女性は学校教育を受けられないのが一般的でしたが、兄が両親を説得して、中学校、高等学校に進学することができました。そこで優秀さをみとめられたマータイは、アメリカへ留学して生物科学の修士号をとり、ケニアのナイロビ大学で獣医学の博士号をとりました。博士号をとったのは、東アフリカ・中央アフリカの女性としてははじめてのことでした。

1971年にナイロビ大学教授に就任したマータイは、故郷の森が急速に切り開かれ、女性たちはまきを集めるために遠くまで行かなければならなくなり、作物の収穫量もへっているということを知ります。そこでマータイは、植林によってケニアの女性の生活を改善しようと、人びとが木を1本1本植えていく「グリーンベルト運動」を考え出しました。最初はたった7本の木でしたが、運動は広まり、ケニアでは5,100万本をこえる木が植えられ、政府はこれをきっかけに森を切り開いて畑にすることを禁止しました。

マータイは、2004年にアフリカの女性として、また環境活動家としてはじめてノーベル平和賞を受賞しました。マータイが日本に来たとき、「3R」を一言で表現する、「もったいない」という日本語に感銘を受けたというエピソードもよく知られています。

植樹を行うマータイ（写真中央）。
写真提供：毎日新聞社

> **キーワード**
>
> **3R（スリーアール）**
>
> 材料やごみをへらすリデュース（Reduce）、ものを大切にして再使用するリユース（Reuse）、可能なものはふたたび資源として活用するリサイクル（Recycle）の3つの頭文字を表す。

経済活動のために大量伐採される森林

開発途上国の森林減少の原因は、食料や燃料を確保するためだけではありません。お金を得るため、つまり経済活動のために、大量の木が伐採されています。「プランテーション」による開発もその一つです。プランテーションでは、コーヒー、紅茶、カカオ（チョコレートの原料）、サトウキビ（砂糖の原料）、ゴムノキ（天然ゴムの原料）、アブラヤシ（パーム油の原料）など商品価値の高い作物が栽培されます。

プランテーションをつくるときにはブルドーザーなどの重機を使い、大量の木をいっきにたおすため、深刻な森林破壊が起きます。また、木を伐採したあと土地をいっきに焼いて作物を植えることもあり、1997年にはインドネシアのカリマンタン島で、このことを原因とした大規模な森林火災が発生しました。

プランテーションのように、広大な農園で1種類の作物を栽培することを「モノカルチャー」といいます。1種類の作物だけにたよると、収穫量が天候の影響に左右され、収入が安定しません。また農業以外の産業が発展しづらくなります。さらに、森林破壊によって、その地域で長年いとなまれてきた文化や住民のくらしをこわしてしまうという問題も深刻です。

植民地支配の時代に生まれたプランテーションが、いまもつづいているんだね。

広大な土地を1種類の作物の畑にするプランテーション

中米のコスタリカに広がるアブラヤシのプランテーション。

ブラジルのコーヒーのプランテーション。

> **考えてみよう！**
> モノカルチャーの場合、売る側（開発途上国）よりも買う側（先進国）のほうが商売的にも圧倒的に有利だといわれます。なぜかな？

森林が次つぎと牧草地に変わる熱帯のアマゾン

南米では、牛をはじめとする家畜を放牧するための土地として多くの森林が切り開かれています。とくにブラジルのアマゾン地域では、企業などが多くの熱帯雨林を伐採し、土地を焼いて牧草を植え、牛を放牧しています。

ブラジル政府のデータによれば、1988～2014年までのあいだに、アマゾンで熱帯雨林が伐採された地域の63パーセントが牛の放牧地になったといいます。このほかにも、石炭やダイヤモンドといった地下資源をほり出すために森林を大量伐採するケースもあります。

アマゾンの牧場。奥に熱帯雨林が見える。

アマゾン地域に住む先住民族。森林伐採により生活の場をうばわれている。

世界のさまざまな環境活動家

世界には、環境破壊によるさまざまな問題に対して、立ち上がった人びとがいます。
ここではそのなかから4人の活動と世界にあたえた影響や功績を見ていきます。

レイチェル・カーソン

1907年にアメリカで生まれた海洋生物学者。1962年に『沈黙の春』を発表し、当時まだ知られていなかった農薬や化学物質の危険性や環境破壊についていち早く警告しました。この本の内容は人びとに衝撃をあたえ、アメリカ環境保護庁が設立されるきっかけとなりました。1964年に病気でなくなったあと、『沈黙の春』は30か国以上で翻訳・出版され、世界中に影響をあたえました。養子のロジャーを愛し、子どものうちから自然に対する感性をはぐくむことの大切さを提唱した『センス・オブ・ワンダー』でも知られています。

『沈黙の春』（レイチェル・カーソン著、青樹簗一訳、新潮社、1974年）は日本語にも訳され、日本でも環境保護活動に大きな影響をあたえた。

ジュリア・バタフライ・ヒル

1974年アメリカ生まれのジュリアは、交通事故による大けがから回復したあとに旅をしたとき、カリフォルニア州北部にあるレッドウッドの森に圧倒されて、なみだを流したことをきっかけに、環境保護活動にとりくみます。樹齢1,000年（1,500年説も）のレッドウッドの森を伐採からまもろうと、「ルナ」と名づけられた木に登り、地上55メートルにテントをはって1997年から2年間（738日間）くらし、樹上からラジオやテレビに出演しました。ジュリアはルナを「親友であり最高の先生でもある」と言っています。

『一本の樹が遺したもの』（ジュリア・バタフライ・ヒル著、きくちゆみ・河田裕子訳、現代思潮新社、2003年）にはジュリアがどのようにして樹齢1,000年のレッドウッドをまもったかが書かれている。

デイビッド・アッテンボロー

1926年にイギリスで生まれた動物学者、植物学者。イギリスのテレビ局BBCのプロデューサーをつとめ、世界各地の野生動物や自然環境に関するすぐれた番組を数多く制作しました。デイビッドが手がけた「LIFE」シリーズは日本のNHKでも放送されました。撮影方法や演出にくふうをこらし、自然を大切にする思いを広めたことで高い評価を得ています。また、国際的な会議で、よりよい世界をつくるために力を合わせる大切さをうったえるなど、気候変動問題にもとりくんでいます。

ヴァンダナ・シヴァ

1952年インド生まれ。カナダの大学で学び、科学者になりました。環境問題と社会問題にとりくみ、有機農業*を推進するとともに、生物多様性をまもる、多種多様な作物の栽培を進めています。遺伝子組みかえ種子の危険性を指摘し、大企業に対抗する運動も行っています。とくに、まずしい人と女性の視点から、環境破壊が生活にもたらす影響について発信し、環境保護（エコロジー）とフェミニズムを結びつけた「エコフェミニズム」という新しい考えかたを切り開きました。

キーワード

フェミニズム
女性差別による不平等や不当なとりあつかいを解消しようとする運動のこと。

*有機農業：農薬や化学的に合成された肥料にたよらない農業のこと。

33

わたしたちの生活と森林破壊

ここまで開発途上国における森林破壊の問題を見てきましたが、開発途上国だけの問題ではありません。わたしたちの生活にも関係しているのです。

日本もたよっている外国産の木材

　木を伐る量と育てる量のバランスがたもたれていれば、森林破壊の問題は起きません。しかし開発途上国では、行きすぎた伐採が行われ森林が減少し、その木は自分の国のためだけでなく、先進国に輸出されています。日本にとっても他人ごとではありません。

　わたしたちは生活でたくさんの紙製品や木製の家具などを利用していますし、住宅にも木が使われています。これらのもととなる木材の多くは、これまで海外から輸入されてきました。現在国産材の使用はふえてきていますが、それでも6割ていどは外国産の木材にたよっているのです。

相手国別・日本の木材輸入金額（2021年）

その他 1,655
ロシア 634
マレーシア 769
アメリカ 914
インドネシア 1,029
フィリピン 1,123
ベトナム 1,268
カナダ 1,514
中国 1,663
EU（欧州連合）1,712
総額 12,291 億円

単位：億円
出典：林野庁資料をもとに作成

　グラフを見ると、いまも森林が減少している東南アジアなどの国ぐにからも木材を輸入していることがわかりますね。

違法伐採に対してできること

　輸入された木材のなかには、違法に伐採されたものもあるといわれています。2012年の国連の報告によると、世界の森林伐採の15～30パーセントが違法伐採だと指摘されています。違法伐採は無計画であるため森林破壊が急速に進んでしまいますし、そこに住む動物の居場所がなくなるなど生態系の破壊にもつながります。

　とくに開発途上国の熱帯雨林の多くが違法伐採されており、日本に輸入される木材も一定ていどが違法に伐られた木であると考えられます。また、ロシアでは1991年のソビエト連邦崩壊以降、数多くの伐採業者が違法伐採を行ってきました。

　そこで、2000年代に入り、違法伐採をやめさせようという動きが先進国ではじまりました。2017年には、日本でも「合法伐採木材等の流通及び利用の促進に関する法律」（クリーンウッド法）がはじまり、すべての事業者に対して合法的に伐採された木材の利用をもとめています。違法伐採された木でできたものを選ばない、買わないことが、行きすぎた熱帯雨林の伐採を止めることにつながります。

クリーンウッドを使おう！

PRキャラクター「クリーンウッドちゃん」

合法伐採木材（クリーンウッド）については、こちら→

合法的に伐採された木材の利用を広めるためのキャラクター。
画像提供：全国木材組合連合会

キーワード

違法伐採

各国の決まりにそわずに森林伐採を行うこと。具体的には基準をこえた量を伐採する、保護地域など伐採禁止の場所で伐採する、伐採が禁止されている樹種を伐採するなどがある。

わたしたちの食生活ともかかわるマングローブ林の減少

熱帯・亜熱帯地域の河口や海岸にある汽水域*に分布する植物の森林を「マングローブ林」とよびます。マングローブ林は東南アジアやインド、オーストラリアなどで見られ、日本でも沖縄県と鹿児島県に分布しています。

ふつう、水に塩分がふくまれているところでは植物は育ちませんが、マングローブ林の植物は塩分をろ過したり排出したりする機能をもっているので、海水や汽水で育つことができます。マングローブ林には多種多様な生きものが住み、希少で独特な生態系をつくり出しているため、「命のゆりかご」ともよばれます。

マングローブ林は地域に住む人びとにとっても大きなめぐみをもたらしています。漁をしたり、木を伐って木材として利用したりするだけでなく、台風のときの高潮や嵐による大波から居住地と耕作地をまもる防波堤のような役割も果たしています。さらに観光客に向けてのエコツアー*など、地域の産業も生み出しているのです。

しかしマングローブ林はいま世界中で減少しています。その原因の一つが、エビの養殖です。タイやインドネシア、ベトナムなど東南アジアの海岸付近では、多くのマングローブ林がエビの養殖池に変えられました。タイでは最近30年で、マングローブ林の約半分がエビの養殖池になりました。

日本は、東南アジアから多くのエビを輸入している国であり、この問題と無関係ではありません。そこで、マングローブを植林しながらエビを養殖したり、エビが養殖されている池の水質を改善したりすることで、現地の人の生活をまもりながらマングローブ林を再生するためのとりくみに、日本の企業もかかわっています。

石垣島にあるマングローブ林。

マングローブ林を切り開いてつくられたインドネシアのエビ養殖場。

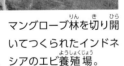

もっと知りたい！

キーワード

マングローブ

マングローブは植物の名前ではなく、海岸近くの汽水・海水域に生育する植物のことをまとめて表す。マングローブを構成する植物種は、ヒルギ科、クマツヅラ科、ハマザクロ科など。

調べてみよう！

エビのほかに、ふだん食べているものや使っているもので世界の森林破壊が関係するものを調べ、森林破壊への対策についても調べてみよう。

世界で力を合わせて森林の問題を解決する「世界林業会議」

開発途上国における森林破壊の問題が、けっしてその国だけの問題ではないということがわかったでしょう。そこで、世界各国で力を合わせて解決するために、さまざまな国際会議が開かれています。その一つが「世界林業会議」です。

世界林業会議は6年ごとに開かれ、世界中の森林・林業の関係者が集まって世界の森林の問題について話し合う国際会議です。2022年の5月に韓国・ソウルで「第15回世界林業会議」が開かれました。「森林と共にグリーンで健康的で強靭な未来を築く」をテーマとし、気候変動や食料の問題、地域住民の生活などのSDGsの目標を達成するためには、森林をまもることが不可欠であることが話し合われました。また、会議に合わせてFAOから世界の森林の現状から未来を考える『世界森林白書2022』が公表されました。

会議には世界141か国からおよそ1万5,000人もの人が参加しました。

キーワード

FAO（国連食糧農業機関）

国際連合（国連）の組織の一つで、世界の農林水産業の発展と農村開発にとりくみ、食料問題の解決を目的としている。

＊汽水域：海水と淡水がまじり合うところ。

＊エコツアー：旅行者が地域の自然環境などにふれたり、体験したりすることでその魅力や大切さを理解し、保全へとつなげることを目的とした観光プログラムのこと。

古代文明と森林

くりかえされる森林破壊の歴史

　四大文明といわれる古代文明は、いずれも大きな川の近くで起こりました。人びとは川のめぐみを利用して農業を行い、食料を得て人口が増え、まちができていきました。文明が発展していくと建物をつくったり、船をつくったりするために周辺の森林が伐採されます。森林の大量伐採などによって土地があれ、農業ができなくなると、文明はおとろえていきます。このように、環境と文明は昔から深いかかわりをもってきました。ここでは、森林破壊とかかわりのある世界の古代文明について見ていきましょう。

キーワード

四大文明

人類史上最初に起こった文明といわれる、メソポタミア文明、エジプト文明、インダス文明、中国文明のこと。多くの文明で森林破壊が行われ、文明が衰退する原因の一つとなった。

クレタ文明・ギリシャ文明

　ギリシャにあるクレタ島は、紀元前2,000年ごろ栄えましたが、これはメソポタミア地域がすでに伐採により木材が不足していて、まだ森林を有していたクレタ島で木材を産出することで巨大な富を得たからといわれています。しかし、急速な伐採により、クレタ島でも森林がなくなり、それとともにクノッソスを中心としたクレタ文明もおとろえました。その後、文明の中心は南ギリシャのミュケーネへとうつっていきましたが、ここでも大規模な森林破壊が起き、それとともに文明は衰退していきました。

クレタ島にいまも残るクノッソス宮殿。

レバノンスギの悲劇

　レバノンスギは「スギ」という日本名がついていますが、スギではなくマツの仲間の針葉樹です。地中海沿岸の国、レバノンの山地は、古代にはレバノンスギのゆたかな森が広がっていました。レバノンスギは、背が高くまっすぐな木目でかおりがよく、虫や腐食に強かったため、船や建築物に用いる木材として重宝されました。レバノンスギが生えている地域はエジプトやメソポタミアなどの古代文明の都市の近くにあったため、徹底的に伐採されることになりました。古代エジプトのピラミッドから発掘された「太陽の船」もレバノンスギでできています。

　いまではレバノンスギはレバノンやトルコなどの山地にほんのわずかに生えるのみで、かつて森だった場所にはあれ地が広がっています。

レバノンの国旗には
レバノンスギが、え
がかれている。

レバノン
スギ。

そうです。文明が発達すると人口が爆発的に増加し、森林が伐採されます。むやみに森林が伐採されることで、周辺の環境があれ、人が住めなくなります。このようなことは何千年も前からくりかえされていることなのです。

古代文明がほろびた理由と、現代の森林破壊の話はけっこうにているね。

メソボタミア文明

紀元前5300年ごろにはじまったとされる、メソポタミア南部のシュメール文明は、世界最古の文明として知られています。メソポタミアでは紀元前4,300～3,500年ごろにはすでに川や湖から水を引いて農業を行う灌漑農業（➡38ページ）が行われていました。しかし気候の乾燥化が進むなかで灌漑農業をつづけていたため、用水にふくまれる塩分が地面にたまっていき、塩害に弱い小麦などの栽培ができなくなりました。あわせて森林伐採も進んだことで、流れ出た土が用水路に入りこんで水路をふさいで土地がまずしくなり、その結果大麦の収穫量もへっていき、シュメール文明はおとろえていきました。

イラクにある再建されたメソポタミアの神殿。現在は砂漠が広がっている。

イースター文明

イースター島は、チリ領の太平洋に位置する島です。現在のイースター島にはほとんど樹木はありませんが、かつてここには森林が広がっていました。その証拠に高さ20メートルをこえるヤシの木の化石などが出土しています。いまも残るモアイ像などの祭典に使われた巨像は、森林を伐採し、丸太をしきつめて道をつくって転がして運んだといわれています。森林伐採が進んで木材が不足すると、船がつくれず漁が困難になり、16世紀ごろには7,000人までふえた人口をささえきれなくなって、300以上の未完成の石像を残したまま文明は崩壊しました。

イースター島に残るモアイ像。

世界各地で進む砂漠化

森林破壊で起きる問題の一つに「砂漠化」があります。
いま世界のさまざまな場所が、砂漠化になやまされています。

人間が原因で起きている砂漠化

おもに乾燥地帯で、これまで人が住んだり植物が生えたりしていた地域がさまざまな原因で不毛の土地になってしまうことを「砂漠化」といいます。砂漠化の原因には、気候によるものと人間によるものがあります。

気候が原因で砂漠になった例に、アフリカ大陸北部のサハラ砂漠があります。ここは、およそ1万1,000年前〜4,000年前までは「緑のサハラ」というくらい湖や川があり、草原が広がる地域でしたが、いまではほとんど雨がふりません。さらに近年の地球温暖化により、サハラ砂漠の南のほうは、いまも砂漠化が進んでおり、毎年150万haが砂漠化しています。

人間による要因には、熱帯雨林の伐採、過剰な焼畑農業などがあります。灌漑農業によって川の流れを変えたために砂漠化が起こることもあります。これらはいずれも現地に住む人たちの生活のために行われたことですが、その被害は深刻です。

アフリカ大陸の3分の1近くをしめるサハラ砂漠。世界最大の砂漠として知られる。

ウズベキスタンとカザフスタンにまたがる塩湖、アラル海。灌漑農業によって砂漠化し、いまでは船が打ちすてられている。

キーワード

灌漑農業
水が少ない地域や雨が安定してふらない地域で、農作物を育てるため、川や湖、地下などから水を引いて行う農業。

さらに砂漠化が進むとどうなる?

アジアやアフリカを中心とした砂漠もふくむ乾燥地帯は、地球の陸地面積全体の40パーセントをこえ、そこには約30億人がくらしています。そこでは農業も行われており、地球の食料の約60パーセントが生産されています。

しかしさらなる砂漠化が進むと、水が不足し、干ばつによって農業を行うことはできなくなってしまいます。国連によると、このままだと2025年には18億人が水不足におちいり、砂漠化が原因で移住をしなければならない人は2045年までにおよそ1億3,500万人に達するといわれています。

このまま何もしない場合、今世紀半ばまでに世界の4人に3人が干ばつとともにくらすことになるといわれています。

キーワード

干ばつ
長いあいだ雨がふらないことにより土地がはげしく乾燥すること。

世界で進む砂漠化への対策

砂漠化が進む状況を、世界はただだまって見ているわけではありません。1996年に発効した「国連砂漠化対処条約」では、砂漠化になやむ開発途上国のとりくみを、先進国が支援することが決められています。また、SDGsにおいても、目標15「陸の豊かさも守ろう」のターゲット*の一つに「2030年までに、砂漠化に対応し、砂漠化、干ばつ、洪水の影響を受けておとろえてしまった土地と土壌を回復させ、これ以上土地をおとろえさせない世界になるように努力する」があります。

砂漠化になやむ地域では、これ以上の砂漠化をふせいだり、砂漠化した土地をよみがえらせるための植林を行ったりしています。しかし乾燥地帯に木を植えるには、水の設備の確保や土の管理、乾燥に強い樹種の選定などさまざまな技術や対策が必要です。また、本来砂漠に住んでいる動植物の生態系もまもらなければなりません。

日本においても、政府やさまざまな団体が、こうした問題を解決するために技術や機材、資金などの提供を行い、砂漠化を阻止しようとしています。

認定特定非営利活動法人 緑の地球ネットワークは、砂漠化が進んでいた中国・大同市に、25年間にわたり植林ボランティアのツアーを派遣し、現地の人とともに緑化活動を行った。
写真提供：認定特定非営利活動法人 緑の地球ネットワーク

もっと知りたい！

アフガニスタンの砂漠化に立ち向かった中村哲

1946年福岡県生まれの医師である中村哲は、1984年からパキスタンとアフガニスタンの医療支援を行っていました。

中村が行った支援でよく知られているのが、「緑の大地計画」です。アフガニスタンの村でまずしい人たちの診療にあたっていた中村は、赤ちゃんが次つぎと亡くなる原因を「水」であるとつきとめます。村は干ばつのせいで水がほとんどなく、子どもたちも泥水を飲んでいたのです。安全な飲み水が必要と考えた中村は井戸ほりをはじめ、2000年からの6年間で1,600もの井戸をほりました。ところが中村は、その後井戸に水をもたらす地下水がかれはじめていることに気づきます。そこで2003年、中村ははなれた場所を流れるクナール川から村まで水を引く用水路の建設をはじめました。中村は工事の知識がないなか、自分で勉強をして設計書をつくり、ショベルカーも自分で運転して、2010年に完成にこぎつけました。

この用水路のおかげで、砂漠のように干あがっていた大地に、ゆたかな緑と広大な畑がよみがえったのです。残念なことに中村は2019年に武装集団による銃撃でなくなりましたが、アフガニスタンでは国から表彰されるほどに感謝され、いまでも「カカ・ムラ」（ナカムラのおじさん）としてしたわれています。

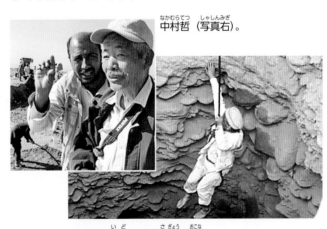

中村哲（写真右）。

みずから井戸ほりの作業を行う。
写真提供：PMS／ペシャワール会

深刻な地球温暖化

現代の人びとがかかえる最大の問題といえるのが「地球温暖化」です。
地球温暖化がどうしてここまで深刻な問題になったのかを見ていきます。

🌱 地球の平均気温が上がりつづける理由

国連気候変動に関する政府間パネル（IPCC）の報告によると、1880年代から2017年までのあいだに、世界の平均気温は約1度上がり、現在も上がりつづけています。とくに21世紀に入ってからは平均気温が急上昇しているといわれています。その大きな原因は、人間活動によって排出される二酸化炭素（CO_2）やメタンガス、フロンガスといった「温室効果ガス」の濃度が高まり、太陽からの熱が地球の外ににげにくくなっているからだと考えられています。

温室効果ガスのなかでもっとも多いのが二酸化炭素です。1950年までの現在観測可能な80万年間、大気中の二酸化炭素の濃度は約300ppm*以下にもたれていました。それが1950年から2020年までの

わずか70年間で、413.2ppmまでふえています。温室効果ガスは本来、生きものがくらしやすい気温をたもつ役割をしています。ところが二酸化炭素の濃度がふえすぎたために大気のバランスがくずれ、熱がたまりすぎることで、地球温暖化という問題が起きているのです。

キーワード

国連気候変動に関する政府間パネル（IPCC）

世界各国の専門家たちが、地球温暖化についての情報を集め、整理するための組織。地球温暖化の状況や対策の効果などを科学的に評価し、報告している。

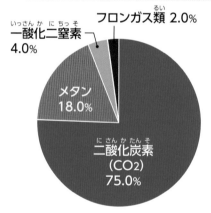

人間の活動が原因で発生した
温室効果ガスの割合（2019年）

フロンガス類 2.0%
一酸化二窒素 4.0%
メタン 18.0%
二酸化炭素（CO2） 75.0%

出典：IPCC第6次評価報告書をもとに作成

人間の活動が原因で発生した温室効果ガスの4分の3は二酸化炭素なんだね。

タイガは「地球の火薬庫」

「タイガ」は、ロシアのシベリア地方やアメリカのアラスカ州などに広がるモミやマツなどの森です。タイガは多くの二酸化炭素を吸収しており、世界の炭素量の2割近くをたくわえています。しかし、人間の火の不始末などにより森林火災が毎年発生し、大量の二酸化炭素が大気中に放出されています。そのため、タイガは地球温暖化を進める原因の一つにもなっています。

タイガにはもう一つ大きな問題があります。タイガの木ぎが生育している土壌は「永久凍土」といい、メタンガスをふくんでいます。森林火災や無計画な森林伐採でタイガの森が失われると、太陽の熱を直接受けて永久凍土がとけ、メタンガスが大量に放出される可能性があります。メタンガスは二酸化炭素よりも地球温暖化に悪い影響をおよぼすといわれ、温暖化のスピードを速めます。そのため、タイガは「地球の火薬庫」ともよばれています。

アラスカのタイガ

　＊ppm：ppmは100万分の1を示す単位。10,000ppm＝1％。

なぜここまで二酸化炭素はふえたのか？

では大気中の二酸化炭素濃度は、なぜこれほどまでにふえてしまったのでしょうか。大きな理由は、イギリスの産業革命からはじまる世界の産業の発展と人口増加にともなって、二酸化炭素を炭素にしてたくわえていた石炭・石油などの化石燃料がほり出され、大量に使われてきたからです。化石燃料を燃やすと、なかにたくわえられていた炭素が二酸化炭素となって外に出されてしまうのです。

キーワード

産業革命

18世紀後半にイギリスで起きた、産業のありかたとエネルギーの使いかたの大きな変革のこと。産業革命によって石炭や蒸気機関の利用と、製鉄、紡績などの新たな技術発展が進み、工業が近代化した。いっぽうで、石炭やその後の石油の大量使用により、二酸化炭素の排出が大きくふえるきっかけともなった。

もう一つの理由として森林伐採があります。木には大気中の二酸化炭素を吸収し、炭素としてたくわえるはたらきがあります。森林が二酸化炭素を吸収することで、大気のバランスは長いあいだ安定してたもたれ、気温の上昇もおさえられてきました。ところが森林伐採により、二酸化炭素を吸収する木がへりました。とりわけ多くの二酸化炭素を吸収していた熱帯雨林やタイガの木が大量に伐採されることで、二酸化炭素濃度は大きく上昇し、大気のバランスがくずれてしまったのです。こうして地球温暖化が急速に進みました。

化石燃料とは、石炭・石油・天然ガスなどのことをいいます。化石燃料は、大昔の動物や植物の死がいが何億年もかけて変化してできたもので、いちど使ったらなくなってしまいます。

もっと知りたい！

熱帯雨林の伐採とたたかったシコ・メンデス

1944年、ブラジルの西部アクレ州で生まれたシコ・メンデスは、父親のあとをつぎ、ゴムノキの樹液をとる仕事につきました。当時、アマゾン地域のゴム樹液採取者の子どもは学校に行くことが禁じられ、メンデスも読み書きを習ったのは大人になってからだといいます。

1960年代以降になると、この地域にブラジル南部から牧畜業者がやってきて、牧場をつくるために森林伐採をはじめました。メンデスはそれまでの経験から、アマゾンの森林はしっかりと管理・保護しなければ、持続可能な利用ができないことを知っていました。ゴム樹液採取者の集まりのリーダーとなったメンデスは、森林伐採に抗議・抵抗する活動をはじめます。その活動はゴム樹液農園の労働者の生活をまもるだけでなく、熱帯雨林の保護につながる環境活動として注目されました。メンデスの活動は国際的に高い評価を受け、ブラジル政府に対する世界からの圧力が高まります。メンデスの努力が実り、1988年にブラジル政府は環境配慮のために「採取保護区」を設定しました。

しかしメンデスに対し、土地所有者からの攻撃は強まり、活動にはますます多くのじゃまが入ったうえ、多くのゴム樹液採取者の命がねらわれるようになりました。そしてメンデス自身も1988年、暗殺されてしまいます。メンデスの人生は44年と短かったものの、その影響を受けた多くの環境活動家が育ち、活躍しています。

シコ・メンデス（右）と妻のイルザマール

地球温暖化するとどうなる？

地球の平均気温が1度や2度上がったと聞いても、「あまり変わりはないのでは？」と思うかもしれません。しかし、じつはとても大きな影響があるのです。わずか1度の上昇でも、強い台風がひんぱんに発生するなど異常気象がめだつようになり、暴風雨や高潮で洪水の被害もふえます。そうすると、農業や漁業はもちろん、都市に住む人びとのくらしにも大きな影響が出ます。これらはすでに起きています。

さらに、気温の上昇は海にも影響をおよぼします。たとえば、沖縄などでは海水の温度が上がりサンゴの白化現象がふえ、サンゴが死ぬと海洋生物の生息環境がおびやかされ、海中の二酸化炭素の吸収もへってしまいます。森林に関しても影響はもちろんあります。気温が上がると生物多様性が失われるほか、森林火災が起きるリスクがふえます。すでに世界各地で深刻な森林火災が起きています。

サンゴは海水温上昇の影響を受けやすい。沖縄の海では白化したサンゴが見られる。

2019〜2020年にかけて、オーストラリアでは地球温暖化が原因と見られる大規模な森林火災が発生した。

キーワード

白化現象

海水温が高くなりすぎ、サンゴのなかに住んでいる植物プランクトンがいなくなってしまい、サンゴが白く見えるようになる現象。この状態がつづくと褐虫藻が光合成によってつくる栄養分を受けとれなくなり、サンゴは死滅する。

平均気温上昇を1.5度以下におさえることが大切

2015年に、2020年以降の世界でとりくむべき新たな気候変動対策として「パリ協定」が採択されました。パリ協定では、地球温暖化で人間が深刻な影響を受けるのをさけるため、産業革命前とくらべた世界の平均気温の上昇を2度未満に、できれば1.5度以下におさえることを目標としています。

IPCCではこれを受けて、1.5度上昇と2度上昇ではどのような差があるか、予測を報告しました。それによると、わずか0.5度の差とはいえ、2度上昇のほうが海面上昇、干ばつ、穀物の収穫、絶滅する生物の数などどれをとっても被害が深刻になります。また、水不足の影響を受ける人数も50パーセント多くなり、2050年には数億人が貧困になるといいます。

パリ協定で定められた目標は、先進国だけでまもっても達成されません。開発途上国もふくめたすべての国が協力し、気候変動への対策をとらなければならないのです。

2100年までの世界平均気温の変化予測

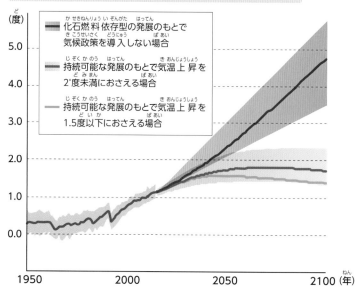

（度）

- 化石燃料 依存型の発展のもとで気候政策を導入しない場合
- 持続可能な発展のもとで気温上昇を2℃未満におさえる場合
- 持続可能な発展のもとで気温上昇を1.5度以下におさえる場合

1950　2000　2050　2100（年）

出典：IPCC第6次評価報告書をもとに作成

IPCCが2021年に発表した第6次評価報告書では、世界がこのまま化石燃料に依存し、対策を何も行わない場合、2100年までに世界の平均気温が最大で5.7度上昇すると予測しています。

カーボンニュートラルとSDGs

世界の平均気温の上昇を1.5度以下におさえるためには、2030年には全世界で排出する二酸化炭素の量を2010年のほぼ半分までへらし、2050年までにゼロにしなければなりません。そこで、日本でも2050年までに二酸化炭素の排出量を実質「ゼロ」にするカーボンニュートラル（➡17ページ）が進められています。

カーボンニュートラルは、SDGsの目標達成とも深くかかわっています。二酸化炭素の量を実質ゼロにできれば、SDGsの目標13「気候変動に具体的な対策を」の実現につながります。さらに、カーボンニュートラルを達成するためには、バイオマス*エネルギーなど環境にやさしいエネルギーを使用する必要があるため、目標7「エネルギーをみんなにそしてクリーンに」の達成につながります。

目標7
「エネルギーをみんなに
そしてクリーンに」

目標13
「気候変動に
具体的な対策を」

もっと知りたい！

地球温暖化を「自分ごと」として立ち上がる若者たち

地球温暖化をふせぐために活動しているのは政府や企業だけではありません。世界中の若い世代の人たちもそれぞれにとりくみをはじめています。カーボンニュートラルの実現をめざす2050年、そしてさらにその先の未来は、みなさんの世代が主役になる時代です。地球環境がこれからどうなっていくかは、若い人たちにとってまさに「自分ごと」なのです。

考えてみよう！

地球温暖化をふせぐために、自分たちでいまできる対策はないか考えてみよう！

グレタ・トゥーンベリ

2003年にスウェーデンのストックホルムで生まれたグレタは、15歳のときに地球温暖化に危機感を覚え、国会の前ですわりこみをはじめました。これをメディアが大きくとり上げたことで、世界中の同世代の若者たちが地球温暖化について考えはじめるようになりました。2019年に国連気候行動サミットで行った演説では、「おとなたちが若い世代を見すてるなら、ぜったいにゆるさない」と強くうったえました。

露木志奈

2001年に神奈川県で生まれた露木は、インドネシアのバリ島に留学したときに授業で見た巨大なごみの山に衝撃を受け、環境問題にとりくむようになりました。若い世代に地球環境の危機をもっとよく知ってほしいとの思いから、全国の小・中・高等学校、また大学などで、講演活動を行っています。

ルイーズ・マブロ

1998年にフィリピンのマニラで生まれたルイーズは、2016年にフィリピンを台風がおそったときに、風に強く、商品価値の高いカカオの木だけが残った状況を見て、カカオの木とオクラやカボチャなどの野菜をいっしょに栽培する「カカオプロジェクト」を立ち上げました。このプロジェクトは、森林を再生し農業と両立しながら気候変動に強い作物を栽培することで、農家の生活をまもり、収入をもたらすことをねらいとしています。

*バイオマス：再生可能な動植物由来の資源。

ふえつづける日本の自然災害

日本は災害大国といわれ、昔から災害が多い地域でしたが、近年その数がふえています。その原因には世界の森林破壊や地球温暖化と関連しているものもあります。

極端になる日本の気候

地球温暖化の影響で気候変動が進み、日本の気候はこれまでよりも極端になるといわれています。さらに、日本の1年の平均気温は世界の平均気温よりも速いペースで上昇しているため、今後ますます豪雨や強風の影響を受ける可能性が高いと予想されています。じっさいに、気象庁のデータによると、1時間の降水量が50ミリメートル以上のはげしい雨がふる回数もふえています。

キーワード

気候変動
「地球温暖化」は人間の活動が原因で起こるのに対し、「気候変動」には地球温暖化に加えて、太陽や地球そのものの自然現象の影響で気象が変わることもふくまれる。

1時間に50ミリメートル以上のはげしい雨がふる回数の予測

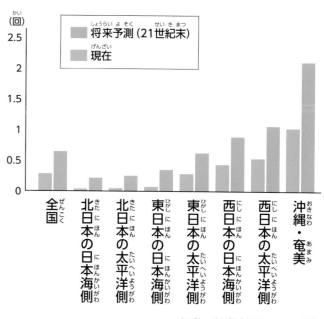

（回）

- 将来予測（21世紀末）
- 現在

全国 / 北日本の日本海側 / 北日本の太平洋側 / 東日本の日本海側 / 東日本の太平洋側 / 西日本の日本海側 / 西日本の太平洋側 / 沖縄・奄美

出典：気象庁資料をもとに作成

雨がはげしくなると土砂災害もふえる

今後豪雨がふえればさらに災害もふえていくと考えられます。日本は、地形が急であるため、もともと洪水が起きやすく、地質が強くない地域も多くあります。それに加えて、人口減少により山の手入れをする人がへり、あれてしまった人工林は、水をたくわえてゆっくり流す本来の力を失っています。

そのようななかで集中豪雨になると、洪水や土石流・地すべり・がけくずれといった土砂災害がさらに起きやすくなります。とくに山や丘を切りくずして住宅地や巨大な施設を開発してきた地域では、土砂災害の危険性がより高まります。じっさいに、山を切り開いてつくられた住宅地を土石流がおそったり、森林を伐採して大規模な太陽光発電設備を設置したことで土砂が流れ出したりといった災害が多く発生しています。

最近のおもな集中豪雨による災害

広島県東広島市

「平成30年7月豪雨」（2018年）では広島県などで大規模な土砂災害が起きた。

熊本県芦北町

「令和2年7月豪雨」（2020年）では熊本県などで土砂災害や洪水が発生した。

写真提供：林野庁

気候変動によってこわされる森林の生態系

気候変動は自然環境を変えてしまうため、森林の木や生きものにも多大な影響をあたえています。たとえば竹は気温が上がると育ちやすい植物で、繁殖力が強いため、西日本を中心に、温暖化による竹のふえすぎで森林環境が変わり、生態系が破壊される問題が起きています。現在の東日本でモウソウチク、マダケという竹の生育にてきした土地の面積は35パーセントですが、気温が2度上がると51〜54パーセント、4度上がると77〜83パーセントにまで増加すると予測されています。さらに、いまは竹がほとんど見られない北海道にも広がっていくと予想されています。このように、気候が変わると森林環境も変わり、生態系がこわれ、生物多様性が失われるなどして、森林があれるおそれがあるのです。

現在の竹の生育地と気温が4度上昇した場合の竹の生育地

現在の気候

土地面積の35%に生息

4度上昇した場合

北限が稚内まで到達する

土地面積の77〜83%に生息

出典：気象庁資料をもとに作成

世界でも起こっている気候変動による災害

気候変動による深刻な自然災害は、日本以外の国でも起きています。2022年8月、パキスタンでは豪雨と熱波により氷河がとけたことによって大規模な洪水が発生し、国土の3分の1が浸水してしまいました。洪水による死者は1,700人以上、人口の15パーセントにおよぶおよそ3,300万人が被災しました。

じつはパキスタンの温室効果ガスの排出量は世界全体の1パーセントにも満たないものです。温室効果ガスのおもな排出国ではない開発途上国のほうが大きな被害を受けるということは、気候変動問題の不平等さと深刻さを表しています。

洪水の被害を受けたシンド州シャダコット市（2022年9月）。

🔍 調べてみよう！

自分の住む地域の自然災害について調べるには？

🦘 住んでいる地域の自然災害情報について調べてみましょう。気象庁ホームページの「地域の情報」から住んでいる都道府県の名前を選ぶと、現在の台風情報や、大雨や強風について警報・注意報が出ていないかなどの防災情報がわかりますよ。

🧒 ほんとうだ。気象情報だけでなく地震の情報も出てくるね。

👦 都道府県を選んだあとに市区町村を選ぶと、より近くの場所のデータがわかるね。いまは何の警報も注意報も出ていないみたい。

🧑 じゃあ、過去の大規模な災害はどうしたらわかるの？

🦘 これも気象庁のホームページにある「災害をもたらした気象事例」というページで1945年から現在までの事例が紹介されていますよ。

キーワード

警報・注意報
自然災害が起こる可能性がある場合には注意報が、さらに危険度が高く避難の必要性がある場合には警報が発表される。

ポイント！
山梨県や鹿児島県では火山情報もあります。

考えてみよう！
自分の住んでいるまちが、自然災害が起きる危険度が高いかどうかを調べるにはどうしたらいいかな？

さくいん